Augenblicke und Gezeiten

Tanja Lange

Augenblicke
&
Gezeiten

Gedichtband

Bibliografische Information der Deutschen Nationalbibliothek:
Die Deutsche Nationalbibliothek verzeichnet diese Publikation in der
Deutschen Nationalbibliografie; detaillierte bibliografische Daten
sind im Internet über http://dnb.dnb.de abrufbar.

Herstellung und Verlag: BoD – Books on Demand, Norderstedt

ISBN: 9783753408781

Inhaltsverzeichnis

Vorwort

Gedichte..

..Kristallisierte Momente, rein und klar, eingefangen in dem Netz gewebter Worte.

..Manchmal wie leichte Wellen sanft an der Oberfläche schaukelnd oder wie schwere Steine in den Tiefen dunkler blauer Meere versinkend.

..Eine Ansammlung kleiner Augenblicksperlen, aufgefädelt an der Schnur des Lebens.

..Große und kleine Welten in sich tragend, die ihre Türen dem Herzen und Geiste öffnen.

..Mit einer umschlingenden Magie den Lesenden verzaubernd.

All dies und vieles mehr löst in mir das Lesen und Schreiben von Gedichten aus. Ich möchte ein wenig von diesem erfüllenden Gefühl an Menschen weitergeben und dazu inspirieren, die eigenen Schätze der Seele zu finden und sich daran zu erfreuen.

Naturnymphen

Bewegte Welt

Vom Schwung bewegt dreht sich das Rad
Das Ruder treibt das Boot voran
Mühelos auf richtet sich das Gras
Gegangene Schritte als Spuren im Sand

Am Himmel ziehen weiße Märchen
Kein Bild völlig dem Nächsten gleicht
Schatten tanzen auf den Wegen
Werden länger wenn die Sonne weicht

Auf und ab geht der Flügelschlag
Samenschiffchen segeln sanft im Wind
Auf jede Nacht folgt ein Tag
Zu jeder Stunde wächst das Kind

Ein Stein geworfen sinkt im Wasser hinab
Erzeugt ein schwingendes Wellenspiel
Wirbelnder Staub fällt zum Boden herab
Es sprießt ein Trieb am grünen Stiel

Alles in Bewegung, wächst und zerfällt
Steht auch der hohe Berg nicht still
Nur durch den Wandel hält sich die Welt
Das Wasser fließt, wohin es will

So fließen auch die Gedankenströme
Tropfend leis oder stürmisch laut
Fliegend auf Gefühlswindböhen
Altes fällt, wo Neues gebaut

Was auch kommt, vergeht auch wieder
Nichts verbleibt für die Ewigkeit
Die Münder singen alte Lieder
Es läuft immer weiter die stumme Zeit

Nie gänzlich starr bleibt unsere Liebe
Ein Wechsel zwischen Glück und Schmerz
In Ungewissheit kann man schweben
Zu viel Angst verengt das Herz

Das Ich in dir bleibt nie ganz fest
Im Bewusstsein schärft sich dir der Blick
Bleibst du, auch wenn du dich verlässt
Kommt das Jetzt nie mehr zurück

Heiterer Hain

Amselspuren auf feuchtem Boden
Grüne Triebe sich gen Himmel recken
Kleine Käfer sich im Laub verstecken
Klares Sonnenlicht erstrahlt von oben

Leichte Lüfte die Wangen streifen
Nackt die Bäume im Winde klingen
Gedanken gleich wie Adlerschwingen
Über hohe Gipfel schweifen

Morgenlicht

Im Kirchturm acht die Glocke schlägt
Gläserne Tauperlen das Sonnenlicht spiegeln
Süß die Luft den Duft des Morgens trägt
Lang die Schatten auf Erde reichen

Keine Wolke über mir am Himmel schwebt
Krähenschnäbel in der Ferne rufen
Gurrend eine Taube ihr Stimmlein erhebt
Grün neues Leben aus der Erde treibt

Die Spinnenfrau glänzend ihre Fäden zieht
Ein buntes Blumenmeer das Aug' erfreut
Wie hab ich mich doch in sie verliebt
Wenn die Natur voller Kraft erblüht

Da sitz ich und schaue und lausche und denke
Wie's um mich mein sanftes Gemüt berührt
Ist's doch der größte Schatz, den ich mir schenke
Ein schauender Blick und ein Herz das fühlt

Frühlingssehnsucht

Stürmisch kalt fegt die Natur
Über Wald, Wiesen, Feld und Flur
Mit Schal und Mütze sich warm anziehen
Im Versuch der eisigen Kälte zu entfliehen

Trüb und grau alles am heutigen Tag
Was gestern voller Leben noch zu strahlen vermag
Zieh ich meine Runden, wie sonst und jederzeit
War ich doch eigentlich für den Frühling bereit

Doch Regen und Schnee, sie prasseln auf's Dach
Längst die Katze ein Bett im Warmen sich gemacht
Kaum ein Vogelgezwitscher vernahm mein Ohr
Weil alles floh, damit es nicht fror

Frühling, frag ich mich, wo bleibst du nur?
Endlich erwachen will die Natur
Lang genug der Winter uns nun quälte
Als man sich drinnen Geschichten erzählte

Wollen uns doch an schönen Blumen erquicken
An kleinen Tieren uns freudig entzücken
Mit leichter Kleidung im Garten sitzen und spielen
Die Wärme der Sonne auf der Haut wieder fühlen

Mit guten Freunden viel Zeit draußen verbringen
Lachen und jauchzen und tanzen und singen
Bis die Dämmerung die Nacht heranbringt
Und der Mond den Himmel durchdringt

Wie sehr ich mich doch nach diesen Dingen sehne
Hoffend und wartend ich derweil am Fenster lehne
Meine Sehnsucht nach dir ist schon so groß
Komm Frühling, schick endlich den Winter los!

Frühlingsfest

Junge Triebe aus den Zweigen sprießen
Flüsse der Sonne sich auf der Haut ergießen
Schimmernde Blätter im Lüftlein wehen
Wirbelnd die Staubtänzer am Himmel drehen

Bienen zu meinen Füßen aus Blümlein kosten
Früh scheint die Sonne hell im Osten
Bäume im prächtigen Farbkleid sich schmücken
Blumensträuße am Wegrand pflücken

Vögel zwitschern und bauen ihr Nest
Duftend bunt das Frühlingsfest
Ich fühle mich jung, ich fühle mich frei
Ermüdend trüber Winter, bist nun vorbei

Geschichten vom Ryck

Sachte der Wind mein Gesicht umspielt
Zärtlich streicheln mich die Sonnenstrahlen
Weiß ich nun, was mich hier hielt
Dieser Moment nicht zu bezahlen

Langsam der Fluss geht seinen Weg
Schlängelt sich durch viele Länder
Der Angler sitzt auf seinem Steg
Das Fahrrad steht an seinem Ständer

Ganz leicht das Schilf im Winde wiegt
Sattes Wiesengrün erhellt mein Augenglanz
Hoch am Himmel ein Vogel fliegt
Die Bienen führen auf ihren Tanz

Gelbe Blumenmeere erblühen in voller Pracht
Singend sitzen die Vögel auf dem Baum
Alles scheint zum Leben erwacht
Der Tag so schön, es gleicht einem Traum

Nun sitze ich hier und denke still
Im Angesicht der schönen Natur
Möcht wissen, was das Leben von mir will
Hab doch so wenig Zeit hier nur

Am Meer

Braune Haut und Sonnenbrand
Blauer Himmel, weißer Strand
Möwenkreischen, Wellenrauschen,
Kinderlachen kann ich lauschen
Muschelscherben, Sandgebilde,
Stiller Wind, so sanft und milde
Grüne Algen am Meeresgrund
Salzgeschmack in meinem Mund
Ach, wie fühlt man sich hier unbeschwert
Als wär die Welt noch nicht verkehrt
Kindheitserinnerungen vor's Auge ziehen
Gar zu versucht in Träume zu entfliehen
Denn das Leben voller Sorgen nun schwer
Unbekümmerte Zeiten, sie sind so lang her!

Juniabend

Gut gefüllte Restaurants und Kneipen
Menschen sitzen dicht an dicht
Schummrig fällt ein mildes Licht
Würzige Gerüche in der Nase bleiben

Ein Prosit fällt, laut sind die Worte
Fröhliches Gelächter dringt in die Ohren
Tiefe Blicke ineinander verloren
Fühlbar ist der Genuss am geselligen Orte

Spät schon der Abend, doch warm sind die Nächte
Blanke Schultern die Straßen zieren
Erregte Herzen nach Abenteuer gieren
Bunte Perlen sich ins Netz der Erinnerung flechten

Funkelnd sprüht das Leben in all seinem Glanz
Wie gern würd ich die Freude fest an mich binden
Glückselige Momente nicht lassen verschwinden
Auf ewig sich verlieren im rauschhaften Tanz

Berlin

Einem wandelnden Chamäleon du gleichst
So vielfältig deine schillernden Farben
Genussvoll wir uns darin laben
Während langsam das Leben streicht

Hektisch schnell die Morgenstund
Ein Anblick genervter Gesichter
Der Verkehr wird immer dichter
Wenn die letzte Nachtigall verstummt

So nüchtern grau du am Tage scheinst
Am Abend das bunte Leben erwacht
Zeigst deiner Kleider vollste Pracht
Die Menschen miteinander vereinst

In deinem Blute sind wir alle rot
Ein jeder ist bei dir willkommen
Deine Liebe scheint vollkommen
Doch auch du verkennst die Not

Friedvoll ruhig am äußeren Rande
Während innerlich die Luft verbrennt
Heiteres Partyvolk die Gläser stemmt
Genieß ich Sommertage auf dem Lande

Zwischen Hochhaustürmen und Menschenmassen
Das satte Grün der Parks erstrahlt
Die Jugend mit neuen Nike's prahlt
Graffitis an den Wänden verblassen

Du gibst und raubst mir Energie
Ein Hoch und Tief der Lebenslust
Schenkst mir Freude, nimmst mir Frust
Vergessen wird ich dich darum nie
Bist und bleibst mein geliebtes Berlin

Gartenstadt

Im Sommer geh ich gern durch unsere kleine Gartenstadt
Das Laub der grünen Bäume so kräftig leuchtend satt
Die Kirschen ziehen tief die dicht behangenen Zweige
Die Blumen tragen fröhlich das Beste ihrer Kleider

In Lavendelmeeren summen kleine Bienen
Lassen in einer Vase sich zum schönen Strauß verzieren
Volle Rosenblüten betören mit ihrem süßen Duft
Heitere Kinderstimmen ertönen in der Luft

Sanft schaukelt im Winde das Vogelhaus im Baum
Heimlich die Früchte von überfüllten Ästen klauen
Auf alten Gartenzäunen hüpfen munter braune Spatzen
Spiegelt sich das Sonnenlicht auf blank rasierten Glatzen

Mit Heckenschere und Eifer werden Büsche hübsch frisiert
Sachte meine Haut das Kunstwerk kurz berührt
Mit Weinchen und Freunden sitzt man auf hellen Stühlen
Eine Leichtigkeit fliegt durch die Luft, ich kann sie fühlen

Jeder einzelne Garten ist eine kleine Welt
Mit Liebe und viel Mühe diesen Ort zusammengestellt
So dreh ich meine Runden auf diesen schönen Wegen
Manchmal liegt das Glück so nah, direkt daneben

Ausflug

Die Abendsonne dringt durch die verschmierte Fensterscheibe
Das Ohr erfreut sich sanfter Klaviermusik
Wie gern denk ich an die vergangenen Tage zurück
Erinnerungen vom Land, in denen ich schweife

Den Schienen folgend in die turbulente Stadt
Grün gemalte Berge rauschen an mir vorbei
Mein Herz vom Wind getragen, schlägt leicht und frei
Von Stille befriedigt, bin ich ganz satt

Pferdenasen gestreichelt, das Kind beglückt
Von blumigen Beeten und Gartenhäuschen entzückt
Schwerelos auf schaukelnden Wellen getragen
Das Wasser spült fort die Last aus alten Tagen

Mit Freunden gelacht, geredet, den Moment genossen
Wie wichtig ist doch ein lieber Mensch an deiner Seite
Hilft er zu tragen das Leiden der Nacht, die Sorgen im Heute
Unser aller Schmerz in dieselben Himmelsmeere gegossen

Sonnenklare Sommertage

Stickig schwüle Sommerluft
Voll behangene Apfelbäume
Faulig süß ihr milder Duft
Der Wind so sanft wie Kinderträume

Boote schaukeln über'n See
Wasserratten tummeln sich am Strand
Während ich am Ufer steh
Unter den Füßen rieselt feiner Sand

Leichte Kleider wehen ums Bein
Kleine Jungs spielen in bunten Badehosen
Wollen auch schon wie die Großen sein
Auf Teichen tanzen weiße Seerosen

Blumen blühen in der Hitze
Kühles Eis tropft auf den Asphalt
Jeder denkt: „Wie sehr ich schwitze!
Wird's denn wieder kälter bald?"

Doch wenn der Herbst mit kühlen Tagen
Übers Land zieht mit Wind und Regen
Dann wird wieder ein jeder fragen
Kann's nicht wieder Sonne geben?

Sommerabend

Warm das schöne Sonnenlicht
Wenn es streicht über mein Gesicht
Spinnweben vor meinem Auge funkeln
Und die große Weide vor mir spricht
Der ruhige Wind eine milde Nacht verspricht

Windräder sich drehen in der Ferne
Das Licht ist noch aus in der Laterne
Eine kleine Spinne ihr Netz kreisend spinnt
Sitz ich hier und genieße der Abend Ruh
Schaue der Sonne bei ihrem Untergang zu

Flugzeuge am Himmel Richtung Süden zieh'n
Wenn Menschen versuchen aus dem Alltag zu flieh'n
Besitzt doch ein jeder schon das Glück in sich
Doch blind dafür dies zu sehen
Wollen sie es sich nicht eingestehen

Die Möwe wieder zieht ihre üblichen Kreise
Während Vögel noch singen in schönster Weise
Ein goldener Glanz sich über die Stadt gelegt
Wenn leichtes Rot die Sonne nun umhüllt
Frieden und Glück mein Herz erfüllt

Wolkenkuss

Ein einheitlich Grau bedeckt den Himmel
Nieselregen befleckt die Wand
Grau die Asche ausgedrückter Zigarettenstummel
Wer hielt sie einst in ihrer Hand

Kraft und Farbe sind aus der bunten Welt gewichen
Eingesaugt im dichten Wolkenschlund
Die nassen Strähnen mir aus dem Gesicht gestrichen
Tanzend bewegt sich der Stift im Mund

Lampen die brennen zu früher Zeit
Kein Fuß die leeren Wege quert
Ich sinke tief in stiller Gemütlichkeit
Der Wind an aufgelösten Fahnen zerrt

Gedanken gleiten wie segelnde Schwalben
Am Straßenrand strömt ein Wasserfluss
In wiegenden Träumen lass ich mich treiben
Getränkt vom Regen schmeck ich den Sommerkuss

Reinigender Regen

Dunkle Tintenklekse malt der Regen
Straßen färben sich dunkelgrau
Blätter recken sich dem Himmel entgegen
Es tanzt auf Wiesen die Regenfrau

Modrig feuchte Luft strömt in die Nase
Der Fuß taucht tief in den nassen Sand
Versinkt die Welt in dunkler Wolkenblase
Kühle Tropfen fallen auf meine Hand

Schutz wer findet unterm Blätterdach
Vögel sind im trockenen Geäst versteckt
Stille sich über der Stadt breit macht
Die Flügel sind feucht von jedem Insekt

Reinigender Regen klärt Geist und Seele
Vertreibt das Glühen überhitzter Stunden
Hinab fließen Sorgen, die mich quälen
Es reinigen sich die alten Wunden

Naturgeflüster

Vogelstimmen dringen in mein Ohr
Über mir die Sonne lacht
Während ich mich im Wind verlor
Glücklich darüber, was ich betracht

Schmetterlinge ganz in weiß
Über duftende Wiesen fliegen
Autobrummen in der Ferne leis
Mit nackter Haut auf dem Holzsteg liegen

Glitzernde Wellen sich vor mir brechen
Kleine Luftblasen steigen hinauf
Lasse ich den See zu mir sprechen
Und mich tragen von seinem Lauf

Neben mir zwei Fischlein springen
Schillernde Libellen schwirren an mir vorbei
Will ich für immer die Zeit hier verbringen
Fühle mich doch so unendlich frei

Der Abend ins Land kommt mit leichter Briese
Die Grille ihr nächtliches Konzert anstimmt
Liege ich wieder auf meiner Wiese
Um zu spüren, was mein Herz vernimmt

Über mir die funkelnde Sternenpracht
Sehe ich drei Sternschnuppen flitzen
Alles ganz still in dieser Nacht
Was bin ich froh diesen Moment zu besitzen

In der Ferne leichtes Donnergrummeln
Zieht bald ein Gewitter heran
Kleine Insekten sich um mich tummeln
Von Blitzen erhellt die Planetenbahn

Während ich lausche diesem Wetterspiel
So fasziniert von dieser Welt
Schöpfende Natur sich nie verliert
Mir meine trüben Stunden aufhellt

Flusslauf

Tosend, schnaubend treibt der Fluss voran
Alles mit sich reißend fort
Nichts mehr standhaft an seinem Ort
Gezogen wird's in seinen Bann

Vorbei an Klippen hohen Türmen
Hinab in tiefes Schluchtental
Glänzt vom hellen Sonnenstrahl
Wild tanzend bei nächtlichen Stürmen

Fließt er weiter bis zu seinem Ziel
Die mächtige Tiefe vor ihm aufragend
Stille und Sehnsucht in sich tragend
Des Nachtens ein Stern ins Wasser fiel

So liegt er da der tiefe blaue Ozean
Ein schaukelndes Lied im Wellengang
Meine Seele sich findet in seinem Gesang
Konnte keiner von uns das Ende erahn'

Lebensfrucht

Wiegend steht der Baum im Wind
Hält schaukelnd im Arm sein Laubeskind
Vom Boden wächst, was zu Boden fällt
Eine Frucht, die in sich das Leben hält

Sanft fliegende Blätterschmetterlinge
Rieseln herab vom neuen Ringe
An Stämmen gewebt der grüne Samt
Trägt in sich ein verstecktes Land

Bleibt nichts tot, was lebend spricht
Ein Kreislauf, der niemals zerbricht
In Stille reift, was zur Stille kehrt
Wunder dem, der sie sieht und ehrt

Herbstgruß

Golden schimmern Herbstlichtblätter
Das Grün vergeht zu rotem Braun
Leise der Wind im Laub erklingt
Während wir auf Blätterregen schauen

Sanft die letzten Sonnenstrahlen
Künden die ersten Abendstunden an
Verschwitzt noch alle im Grase liegen
Naht der Winter doch schnell heran

Drum lasst uns genießen
Des Herbstes netten Abschiedsgruß
Bevor das Land von Kälte überzogen
Und man die Zeit im Haus verbringen muss

Regnendes Gold

Weiße Wasserfälle fließen von Bäumen
Ein Blütenmeer die Äste ziert
Blätterteppiche aus fernöstlichen Träumen
Meine nackte Hand im Winde friert

Tuschkastenblau in einer Wolkenlücke
Langsam voran rückt der graue Berg
Regnendes Gold fesselt meine Blicke
Die Welt ein Riese und ich ein Zwerg

Wolkenwasser auf Blatt und Wiesen

Wolkenwasser auf Blatt und Wiesen
Federnd die Erde meine Füße küsst
Es tanzen im Wind die baumigen Riesen
Die Wintersonne meine Wange küsst

Mein wacher Geist wie auf hohen Wipfeln
Sitzt und sich vom Anblick nährt
Es ruft mein Herz nach Höh'n und Gipfeln
Die Stadt mich drückt, verzehrt und schwert

Samtige Tropfen goldener Blattregen liegen
Auf meinem braun fließend Meer aus Haar
Tannenmütter mich in ihren Stimmen wiegen
Singen mir sanft das Lied von tausend Jahr

Wie vermiss ich..

Wie vermiss ich doch meine vertrauten Wälder
Die klaren Seen und weiten Felder
Moosbedeckte Hügel neben einsamen Pfaden
Kleine Vögel sich im Sonnenlicht baden

Wie vermiss ich doch des Windes vertraute Melodie
Das Klopfen des Spechts, den Gestank vom Vieh
Insekten über grüne Wiesen schwirren
Trampelpfade sich im Nichts verirren

Wie vermiss ich doch die Hufspuren auf Waldesboden
Bellende Hunde im Spiel sich austoben
Wenn Schwäne auf grünem Fluss sich strecken
Braungraue Rehe sich im Wald verstecken

Wie vermiss ich doch das zarte Sonnenspiel
Das zwischen hohe Wipfel und Äste fiel
Ein Meer aus Laub den Boden bedeckt
Kleines Eichhörnchen vor meiner Nähe schreckt

Wie vermiss ich doch vertraute Einsamkeit
Natur mir Kraft und Hoffnung verleiht
Lasse mich tief in ihre Arme sinken
Um von ihrer nährenden Brust zu trinken

Wie vermiss ich doch die Heimat, wie schmerzt es mir
Es schreit das Herz, sehnt sich nach dir
Wehleidig ich den Blick gen Osten richte
Suche träumend nach deinem Lichte

Friedhofsgeflüster

Fast tot bin ich dem Leben so nah
Sehe die Welt so rein und klar
Liebe der Sterbenden seelige Ruh
Schaue dem Blatt beim Welken zu

Der graue Rabe seine Stimme erhebt
Liebliches Lärchlein durch die Lüfte schwebt
Nass und feucht der Leichenboden
Langsam wandert der Blick nach oben

Kühl die Luft ins Hemde kriecht
Starr der Ast am Boden liegt
Dämmerlicht sanft den Himmel küsst
Zart der Abend dem Tage grüßt

Ein jeder kehrt in Mutter Erdes Schoß zurück
Ungeachtet von Seelenqual und Lebensglück
Egal ob jung, ob alt, ob arm, ob reich
Am Ende werden wir doch alle gleich

Ist's egal

So ist's egal, wer oder was ich bin
Ob suchend oder findend den Lebenssinn
Egal, ob ich an Krankheit leide
Oder mich im Wahnbild kleide
Nicht von Bedeutung, ob's Glück in mir schlägt
Oder drückende Trauer mein Herzlein trägt
Es stellt sich hier als dort auch nicht die Frage
Welches Gottbild ich in mir trage
Von keinster Bedeutung Geschichten der Vergangenheit
Auch ist das Zukunftsziel noch meilenweit
So ist's sinnlos den Geist zu quälen
Mit Fragen, deren Antwort fehlen
Fortwährend suchend nach dem einen Ideal
Gleicht der Endlossuche nach dem heiligen Gral
Auch wenn ich weiß wer, was oder warum ich bin
Doch keine Lösung für mein Leiden find
Ein Schmerz, der so tief in sanfter Seele steckt
Von alten Geistern aufgeweckt
Doch auch wenn's Leiden noch so groß
Finde ich in anmutiger Natur meinen Trost
Denn es wird die Sonne weiter leuchtend scheinen
Liebliches Vogelpaar sich zur Hochzeit einen
Käfer krabbeln im modrigen Geäst
Wenn zischelnd die Schlange ihr Nest verlässt
Die Erde wird atmen bei jedem Schritt
Mich sanft fangen bei wackligem Tritt
Es werden Tage und Nächte vergehen
Helle Monde am Sternenhimmel aufgehen
Bäume in jedem Jahr ihre Blätter verlieren
Ameisen zum königlichen Palast marschieren
Totes Gewebe am Boden verwesen
Nahrung und Wohnung für neues Leben

Es wird sich die Erde immer weiter drehen
Unbedacht dessen wie viele Füße auf ihr gehen
Akzeptiert mit tief dringender Ehrlichkeit
All unser Freuden und all unser Leid
Sind wir im Herzen Mutter Natur all ihr Kind
Doch im gefangenen Ego für's Gewahrsein blind

Treibholz

Das Leben einem Treibholz gleicht
Wenn sanft der Wind vorüber streicht
Wenn ein Sturm die Wellen an ihm bricht
Und es hinab taucht ins trübe Licht

So treibt es im Wasser bei Tag und Nacht
Keinen Unterschied zwischen den Zeiten macht
Der See unter ihm nie derselbe ist
Eine Tatsache, die man schnell vergisst

Wir lehnen uns auf anstatt zu gleiten
Akzeptieren nicht die wandelnden Zeiten
Klammern uns starr an Dingen fest
Sehen nur uns selbst und nicht den Rest

Doch lernen wir uns den Gezeiten hinzugeben
Können wir wahres Glück erleben
Jeder Moment so kostbar und fein
Unsere Seele ganz friedvoll und rein

Das Wasser wiegt mich ruhig und seicht
Das Leben einem Treibholz gleicht

Fantasieflügel

Wundersame Kreativität

Lass sie laufen, lass sie fließen
Dann können große Wunder sprießen
In dir wachsen hoch empor
Ragen aus dem Nichts hervor
Nimm sie an, lass sie leben
Ihre vollste Kraft dir geben
Der Geist fliegt, die Ideen sind frei
Bringt strahlende Energien herbei
Durchströmt dich mit Helligkeit
Schenkt dir Lebenshunger und Lebendigkeit
Die Freude fließt durch deine Venen
Alles beginnt sich danach zu sehnen
Die Gedanken ins Werke zu bringen
Die Taten, die aus Glück entspringen
Ich lass sie wandern durch Raum und Zeit
Durch Zukunft und Vergangenheit
Doch nur in der Ruhe kann ich sie fassen
Wenn alles anfängt loszulassen

Schaffenskunst

Ich habe Lust zu schaffen, Lust zu kreieren
Lust zu entdecken, zu produzieren
Grenzenlos mein Geist in weite Höhen schwingt
Freude, die aus tiefstem Herzen entspringt
Ein Käfig, der nicht mehr verschlossen ist
Lachend mich die Freiheit küsst
Schwebend ich mich auf dieser Welt bewege
Das Leben wunderbar gleich einem Traum erlebe
Entschlossen mein Wille mich nach vorne drängt
Ketten der Angst mit Vertrauen gesprengt
Neue Wege so nah und fern
Folge ich dem Pfad zu meinem Stern

Traum im Kopf

Ein Traum im Kopf so winzig klein
Er ist stark und doch allein
Kein Vertrauen in sein Denken
Will ihm niemand Glauben schenken

So bleibt er die Jahre über still
Weil niemand ihm zuhören will
Die Vernunft lacht und schiebt ihn beiseite
Die Angst wünscht ihn ins Himmelweite

Doch der Traum lässt sich nicht forttreiben
Will auf seinem Platze bleiben
Trägt er doch das Glück in sich
Macht er sich dafür auch lächerlich

Langsam beginnt das Herz zu hören
Und der Geist fängt an zu stören
Doch das beirrt den Traume nicht
Sieht er endlich sein ersehntes Licht

Fantasieexplosion

Am Ufer der Nacht lieg ich im Sand
Weißgolden schimmert der Mond auf der Haut
Weich und leise ruht der Federnstrand
Schützend ein samtig Nest um mich gebaut

Wogende Wellen wiegen auf und ab
Unendlich tief der schwarzdunkle Grund
Vorsichtig wag ich einen Blick hinab
Grauenhaft groß der dämonische Schlund

Mit einer Kraft gleich des schwarzen Lochs er zieht
Ein Strudel unaufhaltsamer Energie
Sinnlos, wer ihm zu entkommen flieht
Tobend und schnaubend die monströse Havarie

Gefangen im Sog der Dunkelheit
Öffnet sich das Tor zur unteren Welt
Scharfzüngig böse der Untergott schreit
Den Schlüssel seiner Befreiung in den Händen hält

Ich tauche immer tiefer in komplexe Gebilde
Durchbreche die Schichten verächtlichen Schweigens
Vorbei an Schichten verschleiernder Milde
Stürz mich in wilde Ritte meines unbewussten Treibens

Ein Imperium gleich alten Romika tut sich auf
Schillernd leuchtende Farben sich mir präsentieren
Gottgleich fliegende Pegasuse schwingen hinauf
Traumtanzend mich in fantastischen Reichen verlierend

Wunderschöne Landschaften berghoher Gipfel und Schluchten
Glasklares Wasser in himmelblauen Flüssen fließt
Florierende Pflanzen in algigen Grotten und Buchten
Ein Meer aus prächtig strahlenden Blumen sich übers Tal ergießt

Winzige Wesen wuseln wild umher
Riesenhafte Gestalten donnernd alte Felsen zerschlagen
Lodernd sich blutvoll heiße Glut vermehrt
Kleine Wichtel einen Wald voller Bäumen in sich tragen

Langsam schleichend schlängeln sich zischelnde Schlangen
Am Boden sich tummeln tausend verwitwete Spinnen
Todeserstart bleibt die Beute im Netz gefangen
Betrübt trabt der Wolf im Nebel dahin

Ein Labyrinth vertrauter Gänge und Irrwege
Verdächtig ruhen die hohen Hecken am Rand
Wehe mir! Sah ich wie sie sich bewege
Höre ich's rascheln, spüre der Hecke ihre Hand

Tobend steigt das schwarze Krähenkleid nach oben
Zurück nur bleibt des Menschen nackte Gestalt
Ein Blitz zerreißt schneidend Luft und Boden
Gräbt sich immer weiter die dumpfe Naturgewalt

Schmatzend und knirschend die Erdkruste aufspringt
Ein Feuerball gleich der Sonne aus dem Innern brennt
Herrschende Leuchtkraft in jede Lebensfaser dringt
Fesseln furchtsamer Finsternis zersprengt

Hunderte Heere dunkler Höllenwesen
Mit Feuerschwertern aufgestellt
Drängen sich dem Licht entgegen
Ein Meer greifender Arme aus dem Boden schnellt

Zerren hinab verlorene Menschenseelen
Zerreißen ihre Leiber, tränken sich im Blut
Zerstückeln und zerhacken mit ihren Fingerscheren
Taten voller Hass, Begierde und Wut

Doch bleibens menschliche Taten, die Leid mit sich bringen
Die einander töten mit gieriger Pein
Die das Herz lassen in der Brust zerspringen
Und der Welt ihren Schrecken verleihen

Der Jäger und das Reh

Angstvoll starrt das Reh umher
Todesfurcht in seinem Blick
Zieht sich langsam ins Dickicht zurück
Jeder kleine Schritt fällt ihm schwer

Der Jäger lauernd steht auf seinem Stand
Das Gewehr schon an der Brust
Spürt er die verborgene Fleischeslust
Zitternd das Kreuz in seiner Hand

Versucht das kleine Reh zu sichten
Bleibt es in sicherer Dunkelheit
Stillzustehen scheint die Zeit
Bis der Nebel anfängt sich zu lichten

Das braune Rehlein tritt hervor
Dem alten Jäger entgegen
Dieser kann sich nicht bewegen
Hat sich in Raum und Zeit verloren

Voller Traurigkeit schaut das Reh ihn an
Ohne Blöße die zarte Seele zu ihm spricht
Jeder Mordgedanke in ihm erlischt
Ist gefangen in des Rehes Bann

Die verzweifelte Menschenseele er nun sieht
Voller Sehnsucht und Einsamkeit
Verzehrt er sich nach Verbundenheit
Sich dennoch in kurzweilige Gelüste flieht

Das Reh nur spürt das jetzige Leid
Während der Mensch sein Leben im Käfig verbringt
Nie zu seiner großen Ganzheit gelingt
Wird er nie von seinem Schmerz befreit

Für einen kurzen Moment die Wahrheit zum Jäger sprach
Gespiegelt in des Rehlein klaren Augen
Schienen voll wissender Stille ihn aufzusaugen
Bis die Kugel mit lautem Knall die Luft durchbrach

Wildes Tier

Triebhaft das wilde Tier sich regt
Befreit sich von des Teufels Ketten
Kein Meister mehr die Peitsche schlägt
Lauf, wer kann, um sich zu retten!

Tosend und schnaubend seine starre Wut
Zu lang im Dunklen eingesperrt
Augen, die funkeln wie Feuersglut
Das Maul zur wilden Fratze verzerrt

Stürzt es sich mit Hass auf die Lieben
Ungnädig grausam in seiner Tat
Das Gute ihm schandhaft ausgetrieben
Langsam erblüht die böse Saat

Doch im Innern schmerzt des Tieres Seele
Ungesehen die folternde Pein
Vereinsamt still in seiner dunklen Höhle
Das Herz so weich, doch kalt wie Stein

Dämon

Die Schwingen des dunklen Dämons kreisen
Schatten fällt aufs junge Gesicht
Schrille Schreie die Luft zerreißen
In der Ferne ein großer Baum zerbricht

Animalisch funkelnd sein wilder Blick
Wenn er die Klauen ins Fleische haut
Warmes Blut spritzt ins Maul zurück
Lüstern er die ersten Bisse kaut

Ausgeweidet bis auf den Knochen
Ist sein Mahl vorerst vorbei
Satt und befriedigt in seine Höhle gekrochen
Legt sein dunkles Antlitz frei

Er nährt sich von des Menschen Ängsten
Von ihren Sorgen und Seelenqualen
Von Erinnerungen, die sie verdrängten
Und alten Träumen, die sie längst vergaßen

Kein Mensch sich traut ihm sich zu nähern
Will niemand in den Abgrund stürzen
Versuchen mit allen Kräften ihn einzusperren
Und seine Macht für sich zu nutzen

Doch wer Mut aufbringt ihm zu begegnen
Wird mit Freiheit und Glück belohnt
Niemand kann dir diesen Kampf abnehmen
Denn der Dämon tief in deinem Innern wohnt

An Ketten gebunden

An Ketten gebunden liegt der graue Hund
Springt er in seinem Käfig hin und her
Seine Pfoten vom Laufen blutig und wund
Jeder Schritt hart, jeder Schritt schwer

Der Freiheit beraubt, ist trüb der Blick
Dem Zweibeiner verachtungsvoll abgewandt
Am Herzen zieht sich fest der Strick
Er lehnt sich schnaufend an die kalte Wand

Ich betrachte ihn im stillen Kummer
Eine drückende Hand meine Kehle schnürt
Die Nacht bringt Frieden und tiefen Schlummer
Leiden uns trennt und zusammenführt

Schwarzer Schnee auf weißer Haut
Kristalle fließen in engen Bahnen
Flacher Atem wird heiß und laut
Ihre Haare wehend wie Himmelsfahnen

Der Körper umschlungen von dickem Geäst
Schnell windet sich die grüne Schlange
An den moosbedeckten Stamm gepresst
Tropft der Schweiß von ihrer Wange

Ein Meer aus Blüten sprießt aus ihrem Schoß
Geöffnet ist ihr weicher Mund
Süßer Honig sich über ihren Leib ergoss
An ihren Füßen leckt ein wilder Hund

Tiefes Wolfsgeheul durchdringt die Nacht
Sie krallt sich stöhnend in das dichte Fell
Eine reine Seele, die zum Himmel lacht
Trägt in sich auch die dunkle Welt

Schwarzer Regen aus weißen Wolken

Schwarz der Regen auf verlassenen Wegen
Weiß die Wolke, die ihn presst
Dunkles Rinnsal fließt mir entgegen
Vermischt sich mit dem Schweiß auf meiner Haut

Schäumende Kronen schmücken die Köpfe der Fluten
Tausende Tropfen zerfallen im Licht
Auf Wellenbergen reit ich dem Wasserfall zu
Spiegel der Seele an Ufern zerbricht

Chamäleon

Chamäleon , Chamäleon es wandelt sich
Wie es sich wandelt, so wandle ich
Du bist meine Wand, ich änder mich
Sehe deine Farben und fühle dich

Bunt ist die Welt, in der ich lebe
Bunt der Traum, in dem ich schwebe
Hoch das Ziel, wonach ich strebe
Groß mein Herz, was ich dir gebe

Brennend rot deine Wut, ich spüre sie
Bitter deine Enttäuschung, ich schmecke sie
Fluten deiner Trauer, ich höre sie
Süß deine Liebe, ich rieche sie

Leer ist mein Gefäß, du machst es voll
Fühle für dich, was ich fühlen soll
Bin dein Püppchen, bin für dich toll
Bin deine Angst, deine Freude, dein Groll

Chamäleon, Chamäleon es wandelt sich
Tausende Farben, tausendfach bin ich
Kann mich nicht sehen, dein Spiegel bin ich
Lass mich gehen, sonst find ich mich nicht

Kleider

Ich zieh mir tausend Kleider an
Egal, ob dick ob dünn, kurz oder lang
Möchte darin schön und fein aussehen
Mich liebreizend zum Takte drehen

Doch ein jedes Kleid spielt eine andere Melodie
Vergeblich suche ich die Harmonie
Stolpere über Samt und Saum
Verheddere mich im eigenen Traum

Sie schnüren mich ein, sie schnüren mich zu
Habe keinen Platz, finde keine Ruh
Greifen nach mir mit verlockenden Händen
Rufen nach mir aus allen Wänden

Ein Jeder will mich schön einkleiden
Mich mit Salb und Öl einreiben
Ich versinke unter ihren Kleidertonnen
Bin an ihrem Glück zerronnen

Nackt steh ich jetzt da, der Raum so leer
Die Schultern sind mir noch vom Tragen schwer
Zufrieden lass ich mich zu Boden sinken
Voller Lust Herz und Kopf die tiefe Stille trinken

Wasser und Luft im Fluss sich binden
Traumblasen mit dem Strom verschwinden
Wolken sich zu dichten Decken schließen
Das Licht aus Himmel und Herz geschluckt

Vergangene Bilder die Seel erschrecken
Wie Vöglein klein sich im Busch verstecken
Die Zukunft keine Klarheit spricht
Wie Sonnenweiß in tausend Farben bricht

In meinen Händen liegt mein Wille
Leuchtet hell und wächst in Stille
Voll Demut dem Leben sich tief gebeugt
Der Kompass im Herzen richtet sich aus

Schmerzkristall

In meiner Brust liegt ein funkelnder Stein
Vom Meer geschliffen so klar und rein
In seinem Inner'n bricht sich das Licht
Eine brennende Schönheit, die im Herzen sticht

Bunt das Mosaik wandernder Farben
Schwimmende Bilder, die in sich lebten und starben
Vergangene Geschichten, die auf dem Kristall sich spiegeln
Ein Schloss alter Türen mit verborgenen Riegeln

Fein fragil das Glas, zerfällt es im Blick
Schenkt mir im Schauen ein befriedigend' Glück
Ungetrübte Reinheit, die einem Säugling gleicht
Tief ist die Zeit, die nie verstreicht

Seelenstürme

Wer um die eigenen Geister weiß
Dem bangt das Herz und fließt der Schweiß
Wer mit sich ringt bei Tag und Nacht
Dem ist bewusst die Geisteskraft

Der Geist benebelt, betäubt, verstreut
Ein Auge, das sich zu Sehen scheut
Ein Kopf, der nicht zu denken weiß
Das Selbst, das sich in Stücke reißt

Ein Weg, der in die Leere führt
Ein Mund, der spricht und nicht berührt
Zwei Liebende, die sich nicht lieben
Ein Samen, der nicht ausgetrieben

Verloren in den eigenen Fängen
Verfolgt von unstillbaren Drängen
Gejagt vom Sinn und all den Fragen
Stumm die Antwort im Herze tragen

Wolken ziehen auf

Wild und hastig springt der Geist umher
Unfähig sich umzusehen
Klare Gedanken fallen schwer
Die Welt scheint sich umzudrehen

Drückend bohrt der Schmerz im Hirn
Schwer die Faust auf den Magen schlägt
Heiße Nadeln brennen hinter der Stirn
Ein Schwindelkarussell im Kreise dreht

Zitternd kalt die nassen Hände
Voller Wucht das Herz schnell pocht
Beängstigend die weißen Wände
Innerlich das Blut mir kocht

Ein tosendes Gewitter zieht hinauf
Geist und Körper unter Strom
Beginnt der Kampf im Stress-Wettlauf
Keine Chance ihm zu entkommen

Doch auch die finstersten Wolken schwinden
Hinter ihnen das strahlende Licht
Mit Schmerz und Leiden sich verbinden
Vom Sturme auch der Berg nicht bricht

Nach Gewitter der Himmel sich klart
Frischer Regen bringt neue Kraft
So wird auch trübes Wetter wunderbar
Da es neues Leben schafft

Drum lass ich die Wolken gern aufziehen
Sie bleiben keine Ewigkeit
Kein Grund dem Schatten zu entfliehen
Schenkt er doch tiefe Friedlichkeit

Sturm

Ein Sturm mich trifft mit voller Wucht
Mir peitschend ins Gesichte schlägt
Während ich renne auf der Flucht
Kommt schon der nächste Wind herangefegt
Lauf ich davon, weiß nicht wohin
Die Beine mich tragen weit hinfort
Doch der Schatten in mir drin
Mir auch folgt an jeden Ort

Haltlos

Ein Sturm bricht über mich hinein
Fühl mich schwach und fühl mich klein
Keine Sonne für mich scheint
Die finsteren Mächte gegen mich vereint

Mit aller Kraft laufe ich davon
Doch die Angst so schnell wie Licht
Springt mir witternd ins Gesicht
Und mein Seelenheil zerbricht

Das Leben nur noch sinnlos und matt
Keine Freude mehr im Herzen
Jeder Gedanke macht mich platt
Alles windet sich vor Schmerzen

Haltlos falle ich zu Boden
Jede Sicherheit in mir zerfällt
Gibt's auf dieser Welt nichts mehr
Was mich noch zusammen hält

Leere

Eine Leere macht sich in mir breit
Kein Gefühl, das mich noch regt
Beherrscht von kühler Gleichgültigkeit
Gibt es nichts, was mich bewegt

Versunken in stummer Apathie
Scheint mir jegliches Geschehen gleich
Gefangen in unheilvoller Lethargie
Verschwinde ich im Gedankenreich

Sinnvolle Sinnlosigkeit

Wo bist du?
Kann dich nirgends finden
Alles scheint mir zu entschwinden
Mache meine Augen zu

Wo bist du?
Großer Sinn des Lebens
Suchte dich bisher vergebens
Lässt mir dennoch keine Ruh

Wo bist du?
Glänzender Stern und helles Licht
Was ich bin, das bin ich nicht
Das Universum schaut von oben zu

Wo bist du?
Wissenschaft von Geist und Natur
Bringst mir weitere Fragen nur
Keine Antwort mehr dazu

Wo bist du?
Nicht in der Kunst und der Musik
Sehe dich in keinem Blick
Den mir Menschen werfen zu

Wo bist du?
Zeigst dich mir in vielen Dingen
Scheinst gar oft so schön zu klingen
Doch nichts als Leere, das bist du

Wo bist du?
Habe mich dir so oft ergeben
Brauch dich ach so sehr im Leben
Doch nun schließ ich meine Augen zu

Unglück des Wissens

Die Flügel großer Geisteskräfte
Tragen mich gar hoch empor
Gedanken grenzenloser Mächte
In denen ich mich tief verlor

Fluten nie endender Gedankenströme
Brechen über mich hinein
Doch nicht nur das Wundersame und Schöne
Brennt sich in mein Gedächtnis ein

Will ich doch die volle Kraft entfalten
Die in meinem Kopfe ruht
Damit ich kann die Welt gestalten
Mich befreien aus bitterem Unmut

Doch gibt es noch zu viele Fragen
Auf die ich keine Antwort weiß
Kann dieses Unwissen kaum ertragen
Welches mich innerlich so tief zerreißt

Will ich doch den Ursprung von allem finden
Was jedem Dasein seinen Sinn verleiht
Was mich unstillbare Neugier lässt empfinden
Und mich weiter noch zu suchen treibt

So sehr ich das Wissen jedoch liebe
Bringt es mich nicht zum endlosen Glück
Je mehr ich weiß, desto mehr ich verliere
Wirft es mich in schwere Schatten zurück

Dämonen in der Finsternis

Trüb und trist das Leben zieht
Vom Glanze sich hinweg gedreht
Ohne Richtung, ohne Sinn
Schleicht der Tag vor sich dahin
Ein Nichts, das alles um sich verschlingt
Bis tief in meine Gedanken dringt
Vernebelt den Geist und den Verstand
Treibt mich an den schmalen Rand
Meine inneren Schatten zu überwinden
Mich mit der Finsternis zu verbinden
Legt sie sich schleierhaft auf meine Brust
Weckt in mir die abscheuliche Lust
Das Leben und die Welt zu hassen
Dem schwarzen Teil die Freiheit lassen
Dämonenartig sich aufschwingend
Alle Widerstände niederringend
Bis es erreicht mein verschlossenes Herz
Alles niederbrennt und betäubt den Schmerz
Doch vom vernichtenden Feuer entfacht
Eine warme Stimme in mir auflacht
Helles Licht in mir aufscheint
Und mich mit dem hohen Geist vereint

Geister der Nacht

Das Liebesglück ist mir entwichen
Trübselig die Tage vorüber ziehen
Was hab ich Schmerzen ohne dich gelitten
Versucht dem Alltag zu entfliehen

Doch nützt mir dieses Davonlaufen nicht
Schattige Dämonen warten überall
Wenn die Nacht lauernd heran bricht
Und ich in unruhigen Schlaf verfall

Begegnest du mir auch nur im Traum
Bist in meinem Herzen noch immer präsent
Füllst in meinem Kopf den Raum
So sehr ich mich wehre vehement

Suche ich hilflos nach einem Weg des Friedens
Den ich in Zukunft beschreiten kann
Doch im Außen ihn zu suchen, bleibt vergebens
Denn alles in mir seinen Ursprung nahm

Seiltanz

Mein Leben einem Seiltanz gleicht
Ein Wechselspiel der Emotionen
Der Abgrund tief, die Freiheit leicht
Geister aus Himmel und Hölle in mir wohnen

Wild und brodelnd die Energien in mir
Kämpfen sich ihren Weg nach oben
Bis ich mich völlig darin verlier'
Lasse sie wüten, lasse sie toben

Ihr Ansturm mich zur Erschöpfung bringt
Kann den Druck nicht länger halten
Wenn alles in mir auseinander springt
Ich bin nicht eins, ich bin gespalten

Ich treibe ziellos durch weite Sphären
Kein Rückhalt und kein sicherer Boden
Endlose, tiefe vollkommene Leere
Unschuldig rein und doch verdorben

Keine Eindeutigkeit, nur Ambivalenz
Glühende Leidenschaft folgt Langeweile
Person der Vielfältigkeit und Kontingenz
Nirgends ein Ort, an dem ich weile

Kein Ideal, das mir auf Dauer genügt
Bittere Enttäuschungen der Hoffnung folgen
Die Zeit ist kurz, in der es mich vergnügt
Nun pechschwarz, was einst so schillernd golden

Verwirrter Geist, reinste Irritation
Eine Intensität sprühender Lebendigkeit
In der Verzweiflung finde ich Inspiration
Doch bleibt die Sehnsucht nach Geborgenheit

Angst

Angst entsteht Angst vergeht
Angst gewinnt Angst zerrinnt
Angst regiert Angst verliert
Angst vernichtet Angst verzichtet
Angst verdrängt Angst zersprengt
Angst misstraut Angst umhaut
Angst verdreht Angst versteht
Angst belebt Angst verklebt
Angst misshandelt Angst verwandelt
Angst besiegt Angst verbiegt
Angst ergreift Angst um streift
Angst behütet Angst verhütet
Angst entfacht Angst belacht
Angst versprüht Angst verglüht
Angst versteckt Angst erschreckt
Angst verkopft Angst verstopft
Angst verdirbt Angst zermürbt
Angst bereinigt Angst vereinigt
Angst befreit Angst verzeiht
Angst verbindet Angst verschwindet

Fesselnde Angst

Die Angst vernebelt Sinn und Verstand
Legt um mich ihre kalte Hand
Lässt mich erschöpft zu Boden sinken
Drohe in ihren Fluten zu ertrinken

Halte mich an ihren Armen fest
Aber hoffe, dass sie mich bald verlässt
In mancher Zeit von ihr erdrückt
Macht sie mich oft halb verrückt

Doch ist sie nichts anderes als Fantasie
Denn die Zukunft kommt ja meist nie,
so wie man sich's vorher denkt
Drum sind die Sorgen darum verschenkt

Teufel im Engelskleid

Im schönen Gewand kam ich einst zu dir
Ich versprach dir alles, ich versprach dir viel
Genähret wurdest du von meiner Milch
Ich wurde dein Schwert, ich wurde dein Schild

Unter meinem Schutze wurdest du groß
Immer dicker unser Blut, das nun in dir floss
Von meinen Worten wurdest du getrieben
In einsamen Stunden bin ich dir geblieben

Ich gab dir den Halt, nach dem du dich sehntest
Ich war deine Festung, an die du dich lehntest
Mit der Zeit wurdest du ganz und gar mein
Tiefer und tiefer drang ich in dich hinein

Nun versuchst du vor mir zu fliehen
Meine festen Nägel aus dir zu ziehen
Willst entkommen meiner dunklen Macht
Dich wehren gegen meine verschlingende Kraft

Doch ich lass dich nicht gehen, ich halte dich fest
Sinkst immer tiefer in mein tückisches Nest
Du kämpfst und kämpfst und bist doch noch nicht frei
Für wen ist die Schlacht wohl bald vorbei?

Schuld

Schuld, die beißend an meinen Lenden nagt
Die mich nachts in Träumen jagt
Am Tage mich mit Vorwürfen plagt
Tief in die Schluchten meiner Seele ragt

Haftet sie an mir seit frühster Stund
Gesprochene Worte aus der Liebsten Mund
Mit schamhafter Pein ist sie im Bund
Schlägt peitschend meinen Körper wund

Mit ihren knorrigen Armen will sie nach mir greifen
Ihren Mantel aus Fehlern über mich streifen
Sodass ich mich lasse von ihrer Stimme leiten
Und auf den Fäden ihres Hassnetz reiten

Schuld, die tadelnd und bös mit mir spricht
Nimmt sie all der Hoffnung ihr Licht
Ein Traum, der noch im Traume zerbricht
Möchte ich sterben und sterben doch nicht

Nebelschatten

Schatten gleich wie Nebel schwingen
Senkt sich sacht der Himmel tief
Windessummen im Baum erklingen
Wenn die Nacht zum Einklang rief

Will ich ihrem Rufe folgen
In ihr tiefes dunkles Becken
Bleib ich doch am Rande sitzen
Will die Geister nicht erwecken

Und so schwimm ich ziellos treibend
Alles scheint so endlos fern
Bin eine Fremde ohne Bleibe
Auf der Suche nach meinem Stern

Meer aus Traurigkeit

Vor Müdigkeit schwer sind die Augenlider
Der tiefe Schlaf steckt noch in den Gliedern
Dumpf der Kopf im Schädel dröhnt
Der Geist vor Schmerzen klagt und stöhnt

Feucht schlagen die Wimpern auf und nieder
Es ballt sich zusammen der dicke Kloß
Alte Bilder kommen wieder
Ich treibe dahin auf meinem Floß

Die Traurigkeit, sie ist mein Meer
Tränen das klare Wasser bilden
Ich fühle mich voll und auch so schwer
Versinke in meinen Traumgebilden

Der Abschied mir das Herz zerreißt
Kein fester Anker mehr in meinem Leben
Wehrlos ich mich in die Wellen schmeiß'
So wenig bekommen, so viel gegeben

Allein

Allein, verloren in der großen Stadt
Lauf ich umher ohne Ziel
Fremde neue Gesichter jeden Tag
Versprach ich mir doch viel zu viel

Nun bin ich hier und wünsch mich fort
Zurück zu deiner zarten Seele
Warst für mich der friedvollste Ort
Bis ich mich vor Sehnsucht quäle

Doch die Liebe ließ mich los
Lässt mich hier allein zurück
Dass ich falle bodenlos
Einsamkeit verschlingt das Glück

Unverputzte graue Wände
Auf den Tasten fliegen schnell die Hände
Wohnzimmergleiche Couchgarnituren
Auf dem Boden fließen Novemberspuren

Über glatte Tische laufen
Dunkel gebogene Holzlinien, die schnaufen
Aus Wandsprechrohren erklingen
Lieder, die von vergangenen Zeiten singen

Aus den schmalen Leibesritzen kriecht
Eine schmähende Ahnung, die in mir schlief
Einsam, wie der Wolf der ewig rennt
Ist die stumme Sehnsucht, die mich verbrennt

Nostalgie am Fenster

Zurückgeworfen in alte Zeiten
Ziehen Wolken der Erinnerung auf
Ich lasse mich vom Schmerz begleiten
Und lasse der Tränen ihren Lauf

Am Fenster bilden sich wirbelnde Gestalten
Vertraute Gesichter spiegeln sich im Licht
Gesprochene Worte sich im Geiste halten
Nebel der Vergangenheit verschwinden nicht

Ich laufe über Felder stiller, weiter Leere
In mir die Wunden gelebter Tage brennen
Öffnet sich das große Loch einsamer Schwere
Muss ich das Gefühl beim Namen nennen

Oh bittersüße Nostalgie, was bereitest du mir
Gar ach so freud und leidvolle Stunden
Inbrünstig verschenkt sich mein Herz ganz dir
Ist auch der kühlste Sturm bald überwunden

Trübe Gewässer

In trüben Gewässern treibe ich dahin
Sehe weder Grund noch Boden
Nebelschwaden verdecken meine Sicht
Wann habe ich meinen Kurs verloren?

Die dunklen Wellen ängstigen mich
Ungewiss, was sich unter mir verbirgt
Ich rudere voran, doch weiß nicht wohin
Ein suchender Wind in meinen Augen stürmt

Das Ende meiner Reise bleibt unbekannt
Kann ich lernen den Weg zu lieben?
Ich knüpfe weiter mein Lebensband
Die Sonne im Meer ist aufgestiegen

Herzensklänge

Stille Sehnsüchte

Stille Sehnsüchte auf der Zunge liegen
Wenn der Himmel violett rot gemalt
Befreite Träume auf Wolken fliegen
Die Sonne auf kindliche Wangen strahlt

Von Neugier ergriffen der Welt zugewandt
Mit Übermut beladen schwankt der Weg
Gefallen, zerschürft und blutig die Hand
Ein Kuss aus Tränen auf die Wunde gelegt

Verbotene Fantasien dem Geist entschlüpfen
Mit süßem Klang bunte Bilder frohlocken
Immer schneller durch Köpfe sie hüpfen
Unsichtbare Spuren in schneeweißen Socken

Hinter wehenden Gardinen rauscht das Meer
Grün schimmernde Wellen seufzen im Wind
Trübe Erinnerungen im Herzen so schwer
Greifbar das Glück im Lachen vom Kind

Am Uferrand sitzend

Sanft wärmt der ruhige See mich kühlend
Goldene Sonnentropfen im Wellenspiel
Einen jeden Windzug in mir fühlend
Bekam ich nicht, was mir gefiel

Blickversunken am Uferrand sitzend
Zähl ich die Stunden meiner Einsamkeit
Mein Herz ruft sehnend und vermissend
Es fehlt die Zeit der Zweisamkeit

Kein treuster Freund kann mir geben
Wonach hungernd meine Seele fleht
Trist ohne Liebe ist das Leben
Mühsam weiter die Welt sich dreht

Liebeshunger

Ein leeres Herz ist stets in Ferne
Kann sich selbst nie nahe sein
Sternenlicht glimmt in der Laterne
Die nebelige Nacht hüllt mich ein

Jeder Abend stimmt mich sehnsuchtsvoll
Wartet niemand in den Laken so weich
Es wächst der Neid, es wächst der Groll
Geliebt wird nur im Traumlandreich

Doch da kommt auch schon der Morgen
Reißt mich aus dem süßen Schlummer
Füllt mein Herz mit schweren Sorgen
Es grüßt mich still der Tageskummer

Ich hungere, wer kann es sehen?
Schließt in mir das dunkle Loch
Will mit mir auf der Welt sich drehen
Und die Sterne leuchten noch

Magnet

Ich fühle mich dir so unweigerlich angezogen
In deinen Blicken ganz verloren
Ein Magnet, der mich fortwährend an sich zieht
Glücklich der, der seiner Kraft entflieht

Kann meine Zuneigung zu dir nicht unterdrücken
Bunt sich die Fantasien im Geiste schmücken
Möchte unsere Seelen miteinander verbinden
Und völlig mit dir im Augenblick verschwinden

Liebesangst

Geängstigt von der tiefen Liebe
Seh ich wie ich dich von mir schiebe
Dein Lachen zieht wie ein Magnet
Der sich langsam von mir fort bewegt
Ich will entfliehen und verschwinden
Mich nur im Geiste an dich binden

Ich spür die Angst und Furcht im Herzen
Vor Liebesleid und Liebesschmerzen
Bedrohlich scheint mir deine Nähe
Unbekannt, wohin ich gehe
Es folgt der Schatten schwerer Tage
Den Rucksack voll ich mit mir trage

Doch hab ich erst deinen Grund geborgen
Erstrahlt in mir ein neuer Morgen
In deiner Wärme möcht ich mich wiegen
Nachts in deinen Armen liegen
Ich schwelge in Fantasien der Ferne
Allein leuchten auch die hellsten Sterne

Schwimmen

Ich möchte schwimmen mit dir
Schwimmen mit dir im Meer
Der Atem wird still, das Herz wird schwer
Tränen voller Sehnsucht sich im Wasser ergießen
Schatten im Tanz der Sonne fließen
Stunden, die wie Tage vergehen
Wände voller Angst und Zweifel zwischen uns stehen
Berührungen, die in der Fantasie erblühen
Mit dem Licht des Morgens sich im Dunst verlieren
Schweigen sich zwischen unsere Worte legt
Tiefsinniger Blick, der die Lust erregt
Wissend die Wahrheit in der Luft schwebt
Selbstbetrug die Realität verdreht
Wartend Leib und Seele sich nach dir verzehren
Trübe Gedanken sich in dunkler Nacht vermehren
Klagvoll bleibt mein Flehen ungehört
Blitze des Schmerzes Ruhe und Frieden zerstört
Ich treibe durch das Leben wie eine Feder im Wind
Bin eine alte Frau und doch ein kleines Kind

Liebesträume

Wie sehr verzehrt sich doch mein Herz nach dir
Gar unverwundbar fühl ich mich bei dir
Frei von Angst ich bei dir bin
Fast schwerelos schweb ich dahin

Deine Augen geschwungen, so fein und klar
Fühle mich in deinen Worten so nah
Ein Blick von dir mir reine Freude bringt
Das Herz dabei vor Glückseligkeit springt

Ich sehne mich nach deiner sanften Ruh
Verlaufe mich in deinem Schuh
Lass mich tragen von zarten Liebesträumen
Leidenschaft will fließen und schäumen

Kein Ort mit dir ist mir zu fern
In dunkler Nacht bist du mein Stern
Können wir auch nie beieinander sein
So lieb ich dich trotzdem und bin ganz dein

An einen Sänger

Verzaubert von deiner Stimme Klang
Versunken in deinen Melodien
Deine Kunst ist ein Verlangen
Auch wenn sie endet, vergeht sie nie

Fühle mich dir so eng verbunden
Deiner Gefühle, deiner Worte
Will dein Innerstes erkunden
Lebst du auch an fernem Orte

Dein Schmerz so tief und doch so zart
Spüre ihn in jeder Zeile
Wirkt die Welt so kalt und hart
Während ich bei dir verweile

Mein zerrissener Traum du bist
Mein Fantasieidol, heroische Inspiration
Alles deiner Werke ist
Die wahrlich perfekte Faszination

Schwimmen im Nebel

Liebe kommt und Liebe geht
Ein jeder denkt, dass er sie versteht
Ohne Sinn ergreift sie deine Hand
Nistet sich ein in deinen Verstand
Verliert sich oft im Augenblick
Wirft dich hart ins Leben zurück
Träumereien vernebeln die Sicht
Zeigen dir nie das wahre Licht

Aufbruch

Gepackte Taschen stehen bei Türe
Hektik treibt die Füße voran
Worte mehr gedacht als gewechselt
Geh bedrückt beglückt von dannen

Auf der Suche nach Heimat in dir
Zog ich durch gar viele Welten
Doch das Glück sollt mir nicht gelten
Klopfte ich auch an jeder Tür

In jedem Willkommen lag ein Abschied
War ich nur ein Gast auf Zeit
Viel verloren und doch befreit
Die Sehnsucht ist das, was mir bleibt

Es tut weh

Es tut weh, zu wissen, dass du gehst
Nicht mehr jeden Morgen vor mir stehst
Deine Blicke nicht mehr mein Herz berühren
Deine sanften Hände nicht mehr auf meinen Schultern spüren

Es tut weh, zu wissen, dass du nicht mehr bei mir bist
Doch weiß ich, dass du mich schnell vergisst
Gehört dein Herz einer anderen Seele
Gedanken mit denen ich mich nachts oft quäle

Es tut weh, dass ich so viel für dich empfinde
Besser ist's, wenn ich verschwinde
Mein Glück zu suchen an einem anderen Ort
Weg von dir, von uns, nur weit weit fort

Es tut weh, wie sehr sehn ich mich nach dir
Lustvolle Träume, in denen ich mich oft verlier
Was gäbe ich, wärst du nur ein Tag mein
Von Glück erfüllt, würde meine Seele sein

Es tut weh, dass Träume leider Träume bleiben
Schmerzvoll die Worte auf's Papier sich schreiben
Auch wenn's mich quält, lass ich dich gehen
Es lebt die Hoffnung, dass wir uns wiedersehen

Tränen des Abschieds

Tränen des Abschieds kleben auf den Wangen
Eine bleierne Schwere erfasst mein Gemüt
Fühl mich betäubt, fühl mich gefangen
Eine dunkle Wolke in mir vorüber zieht

Ich sinke hinein in die trauernden Wogen
Lehne meinen Kopf an den kühlenden Stein
Mit einem Lachen hab ich mich betrogen
Wie gern würd' ich jetzt bei dir sein

Vergangene Bilder schwimmen an mir vorüber
Die bittersüße Melancholie erfasst mein Herz
Fühle mich zerrissen, der Blick wird trüber
Meine Brust erfasst vom drückenden Schmerz

Ehrliche Worte, gemeinsame Stunden
In denen wir friedlich beisammen saßen
In stiller Einsamkeit küss ich meine Wunden
Zu oft gegangen sind die alten Straßen

Intensive Zeiten miteinander erlebt
Haben wir uns im Anderen verloren
Nun trennt sich leidvoll der gemeinsame Weg
In uns ist ein neuer Tag geboren

Vogel im Wind

Und wieder bleibe ich allein zurück
Sehe wehmütig deinen Schritten nach
Schmerzend der einsame Leib gebückt
Ein Schwall aus Kummer sich über mir erbrach

Deine Blicke, deine Worte
Für mich der einzige Lebenstrost
Der dunkle Wurm sich tiefer bohrte
Ein Schwall aus Liebesleid sich über mich ergoß

Schwermütig versinke ich in meinem Trübsal
Spüre dumpf die Melancholie
Wandere hinunter ins düstere Tal
Trifft mich doch wieder des Schicksals Ironie

Hilflos ich meine Flügel ausbreite
Bleibe doch am Boden liegen
Ein Vogel über mir am Himmel gleitet
Wie gern würde ich mit ihm fliegen

Hinauf, hinauf hoch in die Höh
Soll mich der Wind zum Himmel tragen
Bis Sonne und Mond sich um mich drehen
Antwort sich findet auf meine Sinnesfragen

Strahlend das allumfassende Universum in mir
Bin dem Ganzen so eng verbunden
Wütet in mir auch die fressende Gier
Bleibt mein Herz dir treu verbunden

Fallende Blätter

Wie der Baum lässt seine Blätter fallen
Muss auch ich mich lösen von dir
Zu viele Kräfte raubst du mir
Wenn deine Worte in mir hallen

So viele Stunden saßen wir
An zerbrechlich schiefen Lebensbrücken
Keine Worte um das auszudrücken
Worin sich unser Herz verliert

Von Wehmut ergriffen wend ich mich ab
In meinen Tränen spiegelt sich das Licht
Das alte Wir im Winde bricht
Die Blätter fallen vom Baum herab

Zwei Falter

Zwei Falter sich im Tanz berühren
Das warme Herz des Anderen spüren
Ihre Flügel zart im Luftzug schwingen
Seelenstimmen im gleichen Takt erklingen

Warm hat sich die Sonne über das Tal gelegt
Fortwärts strömend sich der Fluss bewegt
Haben zwei Fische sich im kalten Nass gefunden
Einsam schwimmend sind sie doch verbunden

Ein Blick, der tief in Seelen spürt
Vom Leid und Schmerz der Welt berührt
Ein Geist, der Raum und Zeit durchlebt
An seinen Grenzen des Bewusstseins schwebt

Wüstentanz

Tanzend begegnen wir uns Schritt für Schritt
Blicke so tief dem Universum gleichen
Eine Berührung und du nimmst mich mit
Unsere Gedanken auf denselben Wolken reiten

Eng umschlungen stehen wir kreisend da
Zu zerfließen scheinen Zeit und Raum
Nie zuvor sahen wir die Welt so klar
Erwacht und versunken in einem rosa Traum

Pulsierend liegt das Leben in unserer Hand
Farben der Lust auf unseren Körpern brennen
Unsere Herzen verbunden mit einem Endlosband
Kann uns auch keine Ferne trennen

Tropfende Lust

Funken fliegen und tanzen durch meine Venen
Schneller Atem hebt die bebende Brust
Der Bogen gespannt aus Muskeln und Sehnen
Es tropft hinab die glühende Lust
Die Knospen richten ihre Köpfe und zieh'n
Ihre Blätter hart und fest an sich
Gedanken schnell in rote Nächte flieh'n
Im Schoß erwacht ein warmes Licht
Wild schlägt das Herz mit lautem Schritt
Sehnt's sich nach verborgenen Trieben
Immer verschlingender der drängende Ritt
Das Verlangen in Blick und Wort geschrieben
Ergriffen, besessen gar von einer reißenden Macht
Die im Geist um ihre Herrschaft ringt
Bilder, die über mich kommen bei Tag und Nacht
Wie eine Schlange, die in ihr Maul mich schlingt

Übermut

Es sprudelt, es spritzt, es sprießt, es fließt
Freudige Energie, die sich über meinen Leib ergießt
Will heiter die ganze Welt umarmen
Die Menschen mit meinem Glück umgarnen

Ich möchte durch die Lüfte fliegen
Auf Puderzuckerwolken liegen
Ins kalte, kühle Wasser springen
Und auf großen Bühnen singen

Hohe Gipfel mit Kraft besteigen
Der ganzen Welt meine Stärke zeigen
Doch nimmt jeder Höhenflug irgendwann ein Ende
Was bleibt ist der Wechsel und die Wende

Sonderbare Leichtigkeit

Die Freiheit ist zum Greifen nah
Und doch halt ich mich zurück
Alles neu und sonderbar
Auf dem Weg zu meinem Glück

Mein Ziel nun nicht mehr endlos weit
Kann ich die Leichtigkeit berühren
Alles relativ in dieser Zeit
Tiefe Freude in mir spüren

Die Welt mir ihre Türen öffnet
Nehm ich lächelnd ihre Hand
Neue Möglichkeiten sich eröffnen
Verwischen alte Spuren im Sand

Die Farben des Lebens so bunt und schön
Kann die Vollkommenheit kaum erfassen
Die Lebendigkeit lebt auf in mir
Wenn ich es schaffe loszulassen

Mich zieht's hinaus, mich zieht's hinfort

Und wieder ruft der Klang der Ferne
Es weitet sich beim Blick der Sterne
Mein Herz und giert nach Jetzt und Allem
Wenn Wörter in die Schale fallen

Wenn Bilder von fern und nah zu
Leuchten beginnen ohne Ruh
Von Schuhen auf unbekannten Wegen
Wo fremde Düfte sich in die Lüfte heben

Meine Schatten in hohen Bögen springen
Münder mit unverständlichen Sprachen singen
Wo jeder Tag einem Anfang gleicht
Die Neugier nie vom Platze weicht

Ein Fernweh mir aus der Bruste spricht
Auf Dauer bleiben kann ich nicht
So schön's auch ist an diesem Ort
Mich zieht's hinaus, mich zieht's hinfort

Tief tauchen

Wie sehr ich es will, wie sehr ich es brauche
Ein Meer der Begierden und Lust vor mir liegt
Ich kann nicht schwimmen, doch trotzdem tief tauche
Das Einzelne durchlebt, vom Ganzen besiegt

Ein Trauerspiel dem leichten Lachen weicht
Fühle schon das Kribbeln schäumender Wut
Schamesröte meine weichen Wangen streicht
Voll glühender Leidenschaft mein warmes Blut

Ich spür die Angst, doch will hinabspringen
Mich voller Kraft diesem Gefühl hingeben
Das Herz vor Freude zum Schlagen bringen
Mich fallen lassen im Samt aus Leben

Geistesgipfel

Abendgedanken

Der kühle Abendwind durchs Zimmer weht
Die Sonne nicht mehr am Himmel steht
Dämmerung die Stadt umhüllt
Bis nächtliches Dunkel den Raum erfüllt

Warte ich schweigend auf den nächsten Tag
Welche Taten er wohl bringen mag
Welche Worte von ihm gesprochen
Welche Gedanken aus ihm gekrochen

Doch keiner weiß, was sein wird morgen
Tragen wir dennoch den Kopf voller Sorgen
Tragen Erwartungslasten auf unserem Rücken
Doch kein Haar lässt sich mit Glücke schmücken

Gesellschaftsfluch

Abhängig von deiner Meinung
Gebunden an deine alten Sitten
Gerichtet nur nach deiner Besinnung
Auch wenn so sehr darunter gelitten

Überall herrschend dein eisiger Wille
Niemand vor ihm verborgen bleibt
Nicht einmal die leise Stille
Hast dir alles einverleibt

Kriechst in Ohren, schreist aus Mündern
Schlängelst dich durch jede Zeit
Lässt große Ideologien verkünden
Bist Opfer deiner Vergänglichkeit

Kannst nur leben durch die Masse
Existierst du letztlich nur durch uns
Mit den schweren Ketten deiner Bunde
Gehst du im klaren Bewusstsein zugrunde

Leugnung

Lüge und Leugnung erschafft Erleichterung
Nimmt uns Akzeptanz und Verantwortung
Ehrliche Worte so unschön und hart
Werden keiner Scheinheiligkeiten bewahrt

Nichts trifft uns stärker als der Wahrheit ihr Gesicht
Wenn sie unverblümt das Unvermeidbare ausspricht
Wir wehren uns mit aller Menschenkraft
Ein Jeder sie sich gern vom Halse schafft

Doch sind ihre Zähne scharf wie Wolfsklauen
Wenn sie sich mit aller Macht ins Fleische hauen
Zerstören auch die schönste falsche Fantasie
Rauben dem Irrglauben seine Energie

Lüge und Täuschung geben Schutz und Halt
Einen leitenden Weg im finsteren Wald
Doch am Ende ein jeder Irrweg ins Nichts uns führt
Bleibt nur die wahrhaft starke Seele dessen unberührt

So begeben wir uns auf ein endlos Suchen und Finden
Wollen dem Leid dieser Welt entschwinden
Beginnen immer mehr uns selbst zu belügen
Eine ausweglose Flucht, mit der wir uns betrügen

Doch findet die Wahrheit nur der, der ihrer standhaft ist
Sich bei ihrem Anblick nicht aufgibt und vergisst
So wird dessen Geist bald klar und rein
Er verschwindet aus dem Leben und beginnt im Sein

Kreislauf

Die Welle kommt, die Welle schiebt
Die Welle treibt, die Welle zieht
Hinab, hinauf, hinauf, hinab
Drückt mich herauf, zieht mich herab

Ein endloses Treiben für die Ewigkeit
Nichts bleibt von Beständigkeit
Seh ich im Nebel das glänzende Licht
Hoffnung und Wahrheit sich dahinter verspricht

Leben und Tod ineinander übergehen
Niemals bleibt man wirklich stehen
Zwei Schritt nach vorn und einen zurück
Liebe folgt Hass, und Schmerz dem Glück

Ruhe im Hafen

Langsam kehrt Ruhe in den jungen Hafen
Der Wind hat sich erneut gedreht
In der sanften Wiege der Wellen schlafen
Wenn die kühle Nacht vergeht

Seh in der Ferne schon die Berge rufen
Mein Herz es wird unendlich weit
Geküsster Himmel ward aus Erde geschufen
Das Feuer in mir nach seiner Flamme schreit

Gelöst nun endlich, allein und frei
Das Band der Absicht mit Wucht zerschlagen
Schatten der Angst bleibt für immer dabei
Doch hilft die Erkenntnis schwere Lasten zu tragen

Kleine Welt

Es wär' als ging ich in eine andere Welt hinein
Alles so groß und hier so klein
Ein Ort voll Schmerz und innerer Qualen
Lösen sich ab die äußeren Schalen

Der Kern so schwach und verletzlich weich
Ruhend still wie ein glatter Teich
Doch sind die Wellen hoch gleich Bergen
Es bricht die Seele zu tausend Scherben

Doch nur im Chaos kann Neues entstehen
Auf abgebrannten Feld den Weg erst sehen
Wo Tag und Nacht sich zur Einigkeit binden
Wird Ganzes wachsen und Altes schwinden

Verschneiter Weg

Ich seh diesen Weg, der im Dunst vor mir liegt
Viele Schritte bin ich auf ihm gegangen
Eine Schwalbe mit Hoffnungsschwingen am Himmel fliegt
Mut und Furcht sich in mein Herz gefangen

Viele dunkle Täler habe ich durchschritten
Auf hohen Gipfeln habe ich gethront
Voller Schmerz in Einsamkeit gelitten
Mit dunklen Heeren aus Finsternis gewohnt

Schwere Steine meinen Rucksack füllen
Geschultert ist die Last auf meinem Rücken
Klammernd ich mich in meinen Angstumhang hülle
Vor Furcht gebeugt muss noch tiefer mich bücken

Stürme aus Eis und Regen mich schlagen
Beißender Ostwind mein Gesicht zerfrisst
Muss ich den Rucksack weiter hoch tragen
Der Atem mein einziger Halt noch ist

Ein einziger Sonnenstrahl tritt aus der Wolkenmacht hervor
Sticht und schmerzt in meinen getrübten Augen
Sehe ich den Weg wieder, den ich einst verlor
Stärker ist meine Kraft und stärker mein Glauben

Geboren im Widerspruch

Wie zeigt sich doch in Leidenszeiten
Des Geistes allerhöchste Kraft
Gefangen zwischen Augenblick und Ewigkeiten
Dem Einsichtigen zur Klarheit schafft

Wer wagt dem großen Wort zu lauschen
Dem Sinn der Sinne zugewandt
Den wird gar großes Glück berauschen
Gleichgültig nimmt's der Allverstand

Unnütz nichtig scheinen weltliche Gelüste
Wenn der Geist die Flügel breitet
Eine Seele, die wüsste, dass sie nicht müsste
Folgsam auf irrigen Pfaden schreitet

Ewig suchend im leuchtend Dunkeln
Im Widerspruch ist der Mensch geboren
Kinderaugen im greisen Geiste funkeln
Gewonnen hat nur der, der schon verloren

Wandernder Geist

Es umfängt mein Herz gar bittersüße Melancholie
Reißt mich fort aus dieser Welt
Ein Ruf so stumm, auch wenn ich schrie
Sanft und zart mich tiefe Trauer hält

Wehleidig lauschend mein gespitztes Ohr
Wenn der alten Meister Worte erklingen
Ganz und gar mich in ihnen verlor
Gefangen in der Weltlichkeit Dingen

Sehnsüchtig lechzt der Geist nach Wanderschaft
Will dem eigenen Sein entflüchten
Stemmt sich auf mit fester Kraft
Giert nach Freiheit, gar keinerlei Vernünften

In Endlosigkeit so eng umschlungen
Tropft der Fantasie unerlässlicher Quell
Mit Verstand und Liebe viel gerungen
Was dauernd währt, läuft niemals schnell

Geduld als wahre Tugend sich verspricht
Dem jungen Geist so oft verwehrt
Wilde Flammen springen aus dem kleinen Licht
Morgen verhasst, was heut noch begehrt

Federnde Freiheit

Verdammt seist du Schatten der Finsternis
Breitest deine Schwingen über meinem Haupte aus
Fürchtende Angst zart die Einsamkeit küsst
Lebender Leichnam geh ich zur Tür hinaus

Matt und dunkel erscheint der Weg vor mir
Unsicherheit liegt in jedem Schritt
Jegliches Licht sich im Nebeldunst verliert
Tastend bewege ich mich vor, kein Blick zurück

Vertrauen schafft Mut und Mut schafft Vertrauen
Ungewiss das Risiko und ungewiss das Ziel
Blind war ich bisher, so blind meine Augen
Konnte nicht sehen wie ich in den Abgrund fiel

Steinig und schwer der Aufstieg zum Leben
Bin gesprungen und zum Himmel geflogen
Viel wurde mir genommen und viel mir gegeben
So lang mich getäuscht und selbst betrogen

Aufgewacht und mich an den Ecken des Lebens gestoßen
Von dem Weg der Wahrheit aufgebaut
Still die Schönheit des Moments genossen
Die Feder ins Fass der Freiheit getaucht

Moment der Freiheit

Im Traum gehüllt schweb ich dahin
Anmutig liegt mir die Welt zu Füßen
Ich ende, wo ich gerade bin
Ganz scheine ich im Sein zu fließen

Zaghaft berühre ich das sprudelnde Leben
Möchte von seinem klaren Wasser kosten
Funkelnd bunte Perlen auf meinen Lippen kleben
Auch am Abend leuchtet mir die Sonne im Osten

Freudig verbunden bin ich mit dem Moment
Tief schauen die Augen meines wachen Geist
Die Welt steht mir still, auch wenn sie rennt
Begreife ich, was Glück für mich heißt

So war ich lange Zeit doch sinnestaub und blind
Orientierungslos in meiner Höhle gekrochen
Nun flieg ich, mein Geist hebt sich in den Wind
Aus den erdrückenden Fesseln meines Selbst gebrochen

Stahl mir kein Kampf so viel Energie
Völlig am Boden verlor ich all meine Kraft
Blieb doch mein Wille, wie tief ich auch fiel
Die Freiheit im Blick, ist's bald geschafft

Geliebte Lyrik

Freudvoll mich die Poesie beglückt
Lyrischer Vers mein Herz verzückt
Geliebte Gedichte meine Seele umschmeicheln
Lustvolle Reime meine Sinne streicheln

Versunken in des Dichters große Worte
Ziehen mich zu fernem Orte
Begebe mich auf unsichere Reise
Breche aus dem gewohnten Kreise

Wohlige Seelenruh mein Leib erfüllt
Dankbar der rege Geist Entspannung fühlt
Gleich den Wellen tiefblauer Meere
Breitet sich aus die fließende Schwere

Trinke genussvoll die sanfte Gottesflut
Spüre leichtes Leben in meiner Brust
Lasse den staubigen Atem los
Fühle mich klein und doch so groß

Worte

Geformte Bilder geben Laute
Strömender Fluss der Fantasie
Gegriffen aus der Weite, verpackt ins Kleine
Geschenke geöffnet, erklingt die Melodie
Zeiten wandeln ihre Grenzen
Türe der Welt öffnen ihre Pforten
Getragen auf Teppichen gewebter Träume
Schweben über fremden Orten
Versteckte Lücken geben Einsicht
Geschwungene Muster zu Bändern geknüpft
Fließen bunt und tanzend aus Köpfen
Tragen in sich ein schweres Gewicht

Worte im Kaffee

Die Uhr schlägt ihren stetigen Takt
Ein Klavier erklingt im Nebenraum
Ganz sacht der Regen ans Fenster klopft
Mein Atem so ruhig, ich hör ihn kaum

Heiß der gebrühte Kaffee vor mir steht
Ich sauge den Duft genussvoll ein
Ein Muster die Milch ins braune Gold zieht
Bedeckt sind meine Lippen vom weichen Schaum

Eine nährende Stille in mir fließt
Unberührt von jeder Zeit
Mein Körper entspannt im Stuhle liegt
Ich spüre den Wunsch nach Unendlichkeit

Mein Geist in Freiheit sich bewegt
Vergessene Träume werden neu geboren
Hat die Angst sich auch über mich gelegt
Die Fantasie ist nie gestorben

Kerzenflamme

Die Kerzenflamme tanzt und züngelt
Frisst den Docht, der schwarz sich färbt
Eine Kegelsäule sich zur Spitze bündelt
Im Kerzenstumpf bleibt sie eingesperrt

Von Luft genährt, von Luft zerstört
Sich schlängelnd an die Winde schmiegt
Ihr Kommen und Gehen meist ungehört
Still im Augenblick ihr Zauber liegt

Die Wände schmelzen wie Lavafluten
Werden harte Schalen flüssig weich
So wird das Wachs am Selbst verbluten
Wie sehr das Leben dieser Kerze gleicht

Zeit

Es ist die Zeit, die über all den Dingen steht
Mit ihrem Dasein alles kommt und geht
Die ein Pflaster auf schmerzende Wunden legt
Eine Hoffnung in ihrem Schweigen trägt

Es ist die Zeit, die andere Tage bringt
Das Ende begrüßt, wenn der Anfang klingt
Die ihre weiten Flügel schwingt
Still das Lied der Unendlichkeit singt

Es ist die Zeit die alte Gräben schließt
Klares Wasser in trübe Teiche gießt
Die die Antwort in jeder Frage liest
Von der Leere bis ins Ganze fließt

Es ist die Zeit, die neue Welten schafft
In ihrem Vergehen liegt ihre Kraft
Die alles tut und doch nichts macht
Der Augenblick sei ihr bedacht

Tanja Lange

Eine junge kreative Poetin (geb.1996) studiert in Berlin
Sozialwissenschaften und widmet sich neben ihrem Studium
leidenschaftlich dem Schreiben und der Musik. In berührenden
Texten findet sie einen Weg, ihren Gefühlen und Gedanken
Ausdruck zu verleihen und lässt die/den Lesende*n in die
kleinen Schätze ihrer Seele eintauchen.

Gezeichnet von eigenen schwierigen und leidvollen
Erfahrungen nutzt sie das Spiel mit der Sprache, um sich auf
ihrem Floß aus Worten durch das stürmische Meer des Lebens
tragen zu lassen. Sie zeigt, wie sich selbst die dunkelsten und
finstersten Stunden zu inspirierenden Momenten verborgener
Schönheit verwandeln können.

Danke.